AF234957

FILAMENTOS DEL SER

FILAMENTOS DEL SER

Emilio Polo Vilches

Primera edición: septiembre 2024

ISBN: 978-84-128976-7-8
Depósito Legal: CR 700-2024

Impreso en España
Diseño y maquetación: Añil desarrollo gráfico, S.L.
Impresión: Safekat, S.L.

A Rocío, mi esposa,
porque me ayuda a vivir.

A Emilio, Jaime, David y María,
mis hijos, a los que tanto quiero.

A Valeria, Sofía, Elisa y Julia,
mis nietas, que dan luz a mi mundo.

Una araña paciente y silenciosa,
vi en el pequeño promontorio en que
sola se hallaba,
vi como para explorar el vasto
espacio vacío circundante,
lanzaba uno tras otro, filamentos,
filamentos, filamentos de sí misma.
WALT WHITMAN

Y será y será y será
la mitad de la mitad de mi rumbo
hacia la estrella del alma
montada sobre un filamento óptico transparente.
MAYA BEJERANO

Filamentos que sostienen el presente
para que no se arruguen los recuerdos de la infancia
y quede intacta mi identidad (...)
ANNIE ALTAMIRANO

La palabra se hila con los filamentos de la noche.
NATASHA SALGUERO

A PESAR DE MÍ
(A modo de prólogo)

*Cautivos de la nostalgia
son estos versos que escribo como si no me pertenecieran.
Los escribo, porque detrás de los límites
las emociones se repiten.*

*Con el miedo entre los dedos los escribo,
porque llegan de otras voces que reclaman su derecho
y no quieren abismarse en el olvido.*

*Los escribo, porque en días oscuros me ofrecen refugio
y las cosas que trato de ignorar me gritan su presencia.*

*Los escribo, porque en el insomnio batallan con el lenguaje
y despojado del tiempo
que habita en la confidencia de la vigilia.*

*Los escribo, porque abren su voz a lo imposible
y a pesar de mí ellos así lo quieren.*

*Los escribo, porque cruzan el juicio del espejo
y no se rinden a la evidencia.*

*Los escribo, porque van más allá de esto que escribo
y de las palabras que no llegan a decir.*

I
En esta tarea que es vivir

MÁS QUE UN DON

La poesía no es un don para los poetas.
No nos hace más cielo
    ni más árbol
        ni más río
            y mucho menos
                océano o cumbre.

Es mucho más que un don.
Nos dice que la Naturaleza no es muda,
que nos detengamos a escucharla
para saber de sus misterios.

Nos da fe del vuelo de las aves,
de la consistente realidad de la roca,
del quebranto del mar y de su paz sinuosa,
de todo lo que late en la superficie
y en las entrañas de la tierra.

Cuando nos avasalla,
nos encuentra fuera de nosotros:
noctámbulos
    ebrios
        escrutando la noche
            pisando amaneceres
o traficando con el lenguaje.

EN SUS LÍMITES ME ALOJO

Cuando consigo ascender del poema
hasta las cosas apenas aludidas,
su silencio dialoga con el mío.

Recorro los perfiles,
observo sus límites intocables o intocados,
me alojo en ellos,
me sumerjo en el dilema de ser y no ser
y sin saber a qué atenerme, me nutro de su cercanía
y a mi tacto se unen tactos de otros tiempos.
Percibo cómo la inexistencia se hace certeza
y lo incierto, ser en lo no dicho.

Entonces lo evidente me aparta del poema,
me traslada a lo inefable
y la voz callada de las cosas fluye.

TONO DE AGUA

Las olas no llegan igual a todas las playas.
Hay playas cuyo mar
no las reconoce ni tienen
                    olas de regreso.

Su resaca es incesante
y el naufragio persistente
no deja huellas
            en la arena.

Sopla un viento de indiferencia
cuando la mente
parece desleírse
en sus recuerdos
igual que ola
            de sal.

Cómo inventariar lo que no es ni ha sido
cuando nada
            es nada.

Eco, eco
            eco
resonancia líquida
golpeando rocas sin memoria.
Abierto en la distancia,
tono de agua
            contra agua.

Profunda consonancia emerge.

INTROSPECCIÓN

Impresente presencia. Ecos de voces extinguidas. Bostezos de siglos pasados. Incuria que el tiempo acumula: como bandadas de pájaros, irrumpen en mi soledad mientras la última luz de la tarde abre mi corazón a los misterios.

Ante la indefinición de mi sombra, como el relámpago, la oscuridad penetra y como un cráneo horadado de alucinaciones, por lo oculto del tiempo me desplazo intentando llegar hasta la médula insondable de mis huesos, con el fin de indagar en lo que me habita y donde lo exiguo de las horas, lo ya vivido, se desliza a los despilfarros de la nada.

Sin itinerarios

Rotas las costuras del tiempo,
desgajadas las interferencias
y enfrentado a la conmoción de los años,
el exterior que le rodea
aún le confunde y le sorprende.

A veces, asido a su interior
oscila en la memoria,
otras, se atora en la distancia
o sumido en el presente se adjunta a su existencia.

Consciente de las limitaciones, se contradice:
intenta sublevarse,
busca el apaciguamiento
o merodea por lugares inconcretos.

Desprovisto de significados y sin itinerarios,
en la confabulación de los días se acumulan augurios,
se pregunta si en la inexistencia
de todo lo que acaba,
tiempo y espacio todavía prevalecen,
y busca en el silencio la luz
a las respuestas que todavía no ha alcanzado.

PERSPECTIVA

Difícil decir nada.

En la soledad de las aceras
la voz de la lluvia
propicia un paisaje de rutina.

La mirada ignora lo que ve.

En el desamparo de la noche
las farolas
ven desdibujada su luz en cada charco.

Gravita la memoria.
La vida pesa un poco más que de costumbre
y la locura se hace grande en medio de la existencia.

Solo el silencio sabe.
En la boca
el sabor de la ausencia quema.

El eco queda calcinado.
En el refugio de la mudez
se maldice a los ídolos que se alabaron.

Lo incognito pervive.

¿Acaso cabe preguntarse
qué urden
allá en su fondo los cajones?

ATREVERSE AL VÉRTIGO

Perdido en sus dudas,
no sabe si estuvo aquí antes
o solamente fue un instante presentido
en las tardes en que quedó varado
    en la confusión de los espejos,
es necesario detener la mirada,
atenerse al arrebato de las visiones
y parar el tiempo
    desprenderse de toda lógica,
soltar la carga del desasosiego,
buscar el hombre que no ha sido,
poner luz en los rincones más oscuros,
y, en su mundo,
    saber qué lugar ocupa
en esta tarea que es vivir,
por eso es necesario estar dispuesto
para atreverse al vértigo,
para el ahora indescifrable
    porque... ahí, lo presentido.

NADIE ESTÁ EXCLUIDO

En nadie lo bueno por sí mismo,
todos somos necesarios, sí.

Y porque todos somos necesarios,
es necesario nadie, sí.

Porque la vida,
es necesario lo no vivido, sí.

En cada filamento de existencia,
siempre una puerta para internarse
e introducirse en el ahora, sí.

Todos somos necesarios
para hallar la clave
y como si hubiera sido arrebatado,
vivir cada día, sí.

Vivir cada nada y sentir el gozo, sí.

Sin huella

He vuelto a recorrer la noche y no me ha reconocido.
Cae la lluvia.

La lluvia transparenta las aceras
     y la mirada acepta el entorno.
Sostengo el instante.

En el instante de agua, un perro
     sacude su cuerpo y tiembla.
Siento el abandono.

En el abandono, la luz
     de un farol me refleja en el asfalto.
Me sustento en vaso de luz.

En vaso de luz adelgaza la lluvia y las calles
     usurpan mis hombros.
Asumo la duda.

La duda de lo que quiero decir
     humedece mi camino de sombras.
La lluvia me ignora.

LES WEEK-ENDS

Una sobre otra, se amontonan las elucubraciones con el fin de no perder la esperanza, pero les ocurre como en Babel: entre ellas no se entienden.

En el desespero, pájaros ilusionados nadan por el piélago del aire. Tratan de alcanzar la costa de las nubes. ¿Por qué es tan cruel el viento?

Paseándose por ninguna parte, de la mano van las horas. Llega la noche y se extravían.

Entre sol y sol, la luna se pregunta qué la lleva a cambiar tan de continuo.

En el eco de la sombra reverbera la palabra indecisa.

Bajo la ventana, la esperanza se llena de paciencia. La mirada que ansía, en ella no se enmarca.

Cuando la mirada intentaba asomarse, la esperanza se diluía a lo lejos. En ese momento ambas se sintieron morir.

Daba vueltas y vueltas tratando de escapar del círculo que se lo impedía.

Ignoraba que para escapar la solución es detenerse y comprobar que la puerta carece de cerrojos.

Compromiso bajo llaves de obediencia, lealtad a la norma encadenada, advertencias esculpidas a golpes de temor... Qué más pretextos para seguir muriendo.

Mago de la confusión, ¡por qué no me liberas de los fines de semana para dar descanso a mi desconcierto!

En el momento preciso

Desplazándome por la duda,
la mudez se obstina en el silencio.

Sin saber qué hacer con las palabras,
me sumerjo en el lenguaje
y un presagio de sílabas
comienza a organizarse.

Desde el asombro,
me asomo a mi estructura
y todo lo que deseaba expresar
va fluyendo
en un desorden premeditado.

Poco después, las palabras se coordinan
y me ofrecen su generosidad.
Entonces comprendo
el porqué de su demora.

Condenados a estar juntos

El otro que me acompaña, y lleva mi nombre impreso en las pupilas, no me comprende.

Cada uno dialoga a su manera y no hay acuerdo en las decisiones: cuando duermo, él vaga por la estancia perturbando mi muerte transitoria, al incorporarme al día, se acomoda en los sueños. En el azogue no me reconoce —evita comentarios—, a menudo me suplanta.

Sin embargo, no se fía de la mano que le tiendo y acumula cuestiones que no trato. Se apodera de mi sombra, me sigue allá donde me encamine —de nada vale que le increpe—. Siempre me señala con dedo acusatorio, sin atenerse a razones desbarata mis argumentos. Pese a todo le necesito, no podría vivir si me dejara.

Dice que cada filamento de mi ser le pertenece.

Reincidir / Vivir

De noche en noche, de días recorridos en silencio, vive como si se conociera y es pura ignorancia de sí mismo.

Reincide en vivir, como el niño que acaba de nacer y nada sabe, reposa la mirada en la desnudez de las cosas, se llena de ellas y el deseo de saber y comprender, circula por su sangre hacia ese instante en que las palabras le desvelan las formas y el origen.

En ese reincidir su mente va y viene, viene y va de lo que es a lo que fue y de lo que ha sido a este momento que es.

No quiere detenerse, cierra los ojos y su mente vuela hacia lo alto.

El aire se le enreda y lo convoca, lo sustenta en el vuelo más allá de la luz, más allá de las sombras.

Mientras lo infinito roza sus manos, no pregunta, imagina.

DESPROVISTO DE PRESAGIOS

Cuando sin espacios vedados a la luz
las ventanas están a medio amanecer,
en el sobrecogimiento
mi cuerpo se sorprende.

Desoigo la voz que el sueño demanda
y emergiendo de un vértigo,
me desvisto de presagios,
me despejo de supersticiones
y sin que me engañe el subconsciente,
me sumerjo en las profundidades de la altura.

Porque no hay rincón sin esperanza,
porque llevo en andas mis derrotas
y todo lo que he sido,
ante el estupor imprevisto del momento
y al margen de cualquier entelequia
rememoro el temblor de la sabiduría
y busco cobijo en la palabra.

Materia iterativa

Si miras alrededor exhaustivamente, comprobarás que nada es definitivo.

Todo es inacabado. Todo vuelve al principio en un girar involuntario entre una sucesión de dudas que gravitan entre el acá y el allá.

Pero la vida es eso, un ir y venir de la sombra a la luz y viceversa.

Eres repetitiva materia que surge de la nada.

¿Y a la nada vuelve?

ALTER EGO

En ese otro yo, nada es fijo:
soy diverso y fluctuante,
en mi constante reflexión,
vuelo allende el horizonte.

En mi estar a solas, soy ese otro:
ese que imagina
lo que posiblemente nunca será suyo,
ese que acumula silencios,
se despoja del antifaz y regenera.

Soy el que nunca se da tregua,
el que nadie conoce sino yo,
el que, en su llanto, sabe ahogar el grito,
el que vence el miedo a la agonía
despojado de todos sus temores.

Soy, el que en soledad consigo mismo,
vive la más alta plenitud
en la melancolía fugaz
que en el pasar del tiempo se diluye.

EXONÉRATE

Qué poco has vivido y cuánta vida ha pasado
    pero no te detengas
        haz de los días perdidos
escalones que suban hacia lo nuevo
para que puedas llegar más alto
            más lejos.

Cuando tus manos palpen la hondura del vacío
    busca tu voz
        búscala
            hazla brotar desde tu adentro
para que tu oscuridad se desmorone.

En la confusión de la apariencia
    sé prudente
        sé claro.

En el ámbito al que perteneces
    no te creas un intruso
        piensa que todo hombre
se parece a lo que anhela y a lo que cree.

Afiliado a la tribu

Formo parte de la especie
que se adentra en las quimeras
con el fin de fugarse del cuerpo
en que está recluida,
para vagar y divagar por la antimateria,
traspasar los umbrales del abatimiento,
perderse en nebulosas inconcretas,
ser fracción alucinada del relámpago
o persistir
entre la espiral de un torbellino donde la insania
borde sus delirios con filamentos que destellen
donde no hay luz.

Soy uno más de los afiliados
a esa tribu de locos, que todavía sueñan.

Elucubrando

En las circunvalaciones de la mente se entrecruzan los pensamientos y la incertidumbre crea el caos entre neuronas.

En el roquedal del cerebro, se acumulan silencios donde lo tangible es lo desconocido.

Las quimeras marcan presagios inefables en la inmanencia de la vida y perturban las ideas.

La pulsión del espíritu serpentea en el misterio de lo íntimo.

Muestra que lo imperceptible de las cosas es un desafío para la soledad.

II
El vuelo apresurado

Infinitivos

Si uno tiene que caminar
e ir y venir
y correr y caer
y volverse a levantar.
Si uno tiene que sufrir
hasta notar que el tuétano
agrieta los huesos.
Si uno tiene que amar y gozar
para morir por un instante.
Si después de vivir
de tener o no tener y enfermar
y sanar, si uno tiene que llorar y reír
y fingir bajo una mascarada
para ser parte de esta obra,
es porque somos lo más extraño
que le ocurre al Universo.

En Bogotá (Colombia)

EL MUERTO QUE SERÉ

El muerto que seré
    me está mirando.
Desde la imagen que se duplica en el azogue
    me marca la distancia
y me dice que él no vive lo que vivo.

Si le pregunto quién es
    no sabe responderme
y siento la extrañeza de ser
    cuando estoy siendo
y sigo en pie
a pesar de los días que no he vivido
a pesar de los pájaros que volaron a la niebla.

En la mutua contemplación
    solo yo percibo
cómo el tiempo se adensa en la estancia.

Me paro a pensar en el paso de los años
y mientras el pensamiento se desliza
    el muerto que seré
    continúa mirándome.

NATURALEZA INTERIOR

Un mar enconado trata de salirse de su vaso. Un revuelo de medusas extiende sus irascibles tentáculos más allá de su hábitat.

Bestias sin especificar, en estruendo de metales distribuyen su terquedad por la abisal oscuridad sin tener en cuenta su propia destrucción.

Para hacerse notar, peces apenas percibidos inoculan segregaciones intimidatorias devastando cualquier atisbo de perseverancia.

Algas alienadas por las brumas de la confusión se anudan hasta auto aniquilarse en su danza.

Zarandeados por corrientes que se entrecruzan, corales incoloros succionan la acidez de las lamentaciones en pos de la calcificación.

Engendros cegados por la impotencia, entrechocan sus corazas con la furia del que no tiene nada que perder.

En el ágora visceral los monstruos que conforman mi naturaleza interior, en constante alucinación perturban la vigilia que ellos mismos imponen.

Nada es imprevisible

Forcejear con el rumbo que te marca lo impuesto.
Siempre.

Lo que acontece está marcado de antemano.
Toda luna cambia,
lo que está por venir, vendrá,
de nada sirve trastocar voluntades,
o debatirse en lo transitorio.
Nada es imprevisible,
todo instante
se desplaza al empuje del destino
hasta llegar al lugar de la quietud.

Puede que allí todo se desvanezca
o sea un receso para volver a repetirse.

Vivir es estar loco

Exploro mis límites y cambio de lugar.
En cada cosa que toco, soy
y en cada cosa que soy, vive
cada cosa que moriré mañana.

Mañana llegará lo que está por llegar,
cuando llegue, seré lo que no he sido,
lo que he sido no fue lo que ahora soy.
Esto es así porque mi sitio no estaba donde estuve,
está donde no había estado
            que es en lugar donde ahora estoy.

Uno no puede evitar dentro de sí
los rostros anteriores
y en la certeza de que vivir es estar loco,
uno sabe que no ha de volver al tiempo que ha borrado,
y como un árbol, lleva en su interior
los anillos de los años.

HE SOÑADO EL INVIERNO

He soñado jaurías de lobos grises, que, sobre la nieve, desaforados, acosaban a una indefinida presa, a la que un viento helado lame su desnudez sin condiciones.

He soñado un bosque huérfano de alas, cuyo único sonido era el golpeo de las hojas sobre un suelo de ceniza, por el que una sombra sin cuerpo pasaba lentamente los días invernales.

He soñado un cuerpo de arcilla, desmoronándose al silbido de un mirlo que, desde el hogarama de un pino, esperaba de otro pino una respuesta. Al pie, un par de urracas picoteaba en la tierra helada, buscando su ración.

He soñado el invierno. He soñado que un cuerpo sin sombra soñaba que soñaba.

Sin límites

Al margen de las horas
enrocada en el ansia
la noche escarba con sus uñas
en el complejo mundo de los pensamientos.

Sin resquicios
y acorralado en lo no entendible
deambula por un tiempo intransigente
vapuleado por la angustia de no saber
hacia donde se encamina.

Se pregunta si hay tiempo.
Los años consumidos
responden preguntando
¿tiempo para qué?

Sin saber responder
su mente dice:
el tiempo es limitado e ilimitado.
Solo importa el preciso instante
en que el asedio con preguntas
de alguna manera le responden
que sigue estando vivo.

A través del desconcierto
sondea en la conciencia
e intenta llegar a lo desconocido.

Después de la herida

Ni la herida más leve es ajena al dolor. En un imprevisto, la vida puede dejar marcas sin argumento que lo justifique. Por miedo a las cicatrices, uno ya no sabe dónde posar la mirada. Aunque los demás sean los mismos, después de la herida uno ya no es el mismo. No hay dioses que tiendan la mano y te llamen por tu nombre. Después de la herida, en la mente hay pájaros que invitan a volar donde la herida, y a eludir el dolor que te consume.

DE OTRA MANERA

No quiere temblar de soledad,
ni noches perdidas entre conjeturas,
ni urdimbres a la intemperie.

No quiere souvenirs comprados
en mercadillos de vacío
ni estar en el mundo de los que no ríen,
ni de los que no aman ni sueñan.

Quiere huir de la niebla nocturna,
en cada amanecer retomar la alegría,
y las horas se eleven
como aves ociosas y plenas.

Quiere mirar desde su adentro,
y sus ojos capten
lo que apenas vislumbra
para llenar su vida de vida.

GEOMETRÍA

¡Desde qué lugar
el instante preciso!
¡Desde qué nada
la materia y su acabamiento!

Dónde el comienzo exacto
de la espiral o el círculo,
si lo que es
        fue
             será.

De nuevo todo comienza:
el vuelo apresurado,
el desahogo de la llama,
la ascendencia del humo
y su desintegración,
el poso
        la ceniza
la verticalidad sinuosa de la piedra,
lo alzado
        lo horizontal.

De nuevo el tiempo,
escindido
        gastado,
la nacencia y sus ritos,
el primer gesto,
la última palabra,
que
      interroga,

la primera respuesta,
la ceguera del que mira,
la transparencia del que no quiere mirar,
la obsesión
la inquina.

¿Dónde el círculo?
¿Dónde la espiral?

Filamentos del ser

Desde la otredad, bucea entre nubes de peces amarillos en busca de no se sabe qué. Argonauta de la distancia, explora en la oquedad abisal un bosque de álamos impropios acogedores de pájaros azules que confundidos aletean. Excéntricos conceptos transitan sin rumbo fijo: paranoia ocular que le permite alardear de incertidumbre cuando el alba, oxidada, reclama a la noche la luz que acapara entre las sombras. En su estupor, no sabe a qué atenerse ante las esquirlas de un cosmos impreciso. La irrealidad le habita.

ESPERO UNA PALABRA

Mientras las horas escalan mi ser
y estoy sin estar,
soy contemplado por lo que contemplo.

Desde un espacio apenas percibido,
entra en contacto con mi existencia
y, sin razón aparente, me conmueve.

Aunque camino con el mundo dentro de mí,
trato de no hacer ruido
y por las sendas de lo inexplorado
me desplazo en silencio.

Sé que todo trayecto es azar
y en él espero esa palabra
embajadora de las cosas.

RARO ESPÉCIMEN

Resguardado en la sombra de las palabras,
merodea entre los límites de la incertidumbre
y hace trueques con la oscuridad.
Desentendido de lo real, se centra en lo que ignora.
Sin temor a desorientarse en el vacío, escapa de sí,
se libra de la certeza de las palabras
indagando en lo incierto y en lo pendiente.

Contradiciéndose de continuo,
lo que ahora le deslumbra,
        más tarde le deja insatisfecho.
En ese estar o ser, inmisericorde consigo mismo,
se enfanga en el aterrador juego de la alquimia
al mezclar significados entre el aturdimiento
        y la alucinación.
Anida en el lugar que dicen erróneo
aquellos que no saben de sacrificios
e invernan en la caverna de la moral,
traban y limitan el vuelo ajeno,
señalan con el dedo
y condenan al ostracismo.

Raro espécimen, al que los que se dicen entendidos
miran con recelo, cuando desde la voz del silencio
les grita en los tímpanos de sus conciencias,
o cuando mezcla cordura con locura
sin definir cuál es cual.
A pesar de las limitaciones que le achacan,
no se desalienta y continúa su camino.

INCORDIO

Qué tengo que ver yo
con quien desde el espejo me delata,
me dice todo y no me aclara nada.
Por qué he de tantear oscuridades
en las que no estoy inmerso,
si mañana será otra la imagen
que me increpe.

Sí, ya sé,
volverá a decirme que lo lejano
y lo próximo se vinculan,
pero... ¿acaso la distancia sirve para algo?
No hace falta que me diga
que todo es precario. Lo leo en sus ojos.

Si, ya sé,
nunca me ha aceptado
porque según él,
no represento bien el guion establecido.

Mañana volverá a llenarme de preguntas
que no obtendrán respuesta.

A las que yo le hago,
él tampoco me responde.

ATONÍA

Recelos,
gestos vacíos,
imprecisa ternura,
simulada existencia.
Palabras sin encuentro
en la entrada a la comedia
que cada día toca representar.
En la frontera de la indecisión,
extraño es vivir dentro de la muerte.
La rigidez del tiempo ensaya su grandeza
fuera de la escena y a los pies se ciñe.
Atrapado en graves amaneceres,
el desinterés por los segundos
conglomera desasosiego.
En la desvinculación:
dolido silencio,
desencuentro.
La ausencia
gravita.

Palabra a palabra

Abierto a todos los propósitos, el poeta se acompaña de silencios. Desde su adentro se adentra en los vericuetos de las sombras, nos anuncia que los años tienen corto el vuelo, que somos más frágiles que el vidrio y más de mil veces podemos acabar en mil pedazos.

Nos dice que hay que observar con mirada lenta porque quien no tiene ojos para soñar está condenado a la amargura. Nos advierte, de que bajo nuestros pies se acumula un mundo de miseria y miserable.

Frente a tanta desmemoria voluntaria, nos recuerda a los que calzan botas de marcial paso y a los que controlan el sesgo de las cosas. Nos aconseja entonces que hay que andarse con cuidado, porque existen arenas movedizas y en el empeño puesto en olvidar, olvidamos que nos hace a todos perdedores.

Así es él

No consigue orientarse, va sin rumbo.
Sin orden ni concierto de él escapan las palabras
para sucumbir como sucumbe la nieve
en su estrellarse contra el suelo...
y todavía estamos en verano.

Trata de atrapar la nada en un puño ocupado de vacío.
¿Quién puede discutirle cuando dice que la muerte
        existe en lo fecundo?
¿No es acaso un milagro la incoherencia de los locos?
¿No es acaso la línea recta una subordinada sucesión
        de puntos?

Nada hay en lo que pueda apoyarse
si no es en el cayado de sí mismo.
A veces pierde el equilibrio,
cae con el estruendo de las grandes catástrofes.
Palabras alborotadas que ordena a su manera.
— ¿Y tú? ¿Dónde quedas tú, nosotros?,
                                se pregunta.

Cuando la presencia de un cuenco transparente
puede saciar el hambre,
de qué no será capaz el ojo del águila
ante la sombra balante de un cordero.
A veces águila, a veces sombra
y, por qué no, también gusano y mariposa.
En él, lo ínfimo y lo excelso.

Al margen de la inconcreción de las palabras
convocadas al dictamen de sus alucinaciones,
todo es posible cuando las manos se le llenan de
insignificancias
—él las llama pequeñas cosas—
    que a su vida dan sentido.
Voy a repetirlo: Al llenar sus manos de insignificancias,
llena su vida de sentido.

«¡Qué nadie crea que está a salvo
al sonar las trompetas de la gloria,
su sonido puede ser el comienzo del infierno!».
Es una de las máximas de su oratoria.
Así es él, al que todavía no conozco.

III
Se alza y me sostiene

Plétora imaginaria

Sin percepción de lo real.
Imbricado en la añoranza.
Se deshabita.
Se abandona
a la opacidad del subconsciente.

A través del desconcierto
sondea en la conciencia
e intenta llegar a lo desconocido.

Llegar allá
donde la vacuidad
no define si es
acabamiento
u origen.

Donde los filamentos de la cordura le desubican.
Donde luz y sombra
le confunden.

En ese estado de confusión
se deja llevar hasta el límite
para asomarme al umbral
de la enajenación.

DESORIENTADO

Ajenos a él,
los segundos siguen su andadura
entre ese transcurrir y el estar siendo;
sumido en la confusión
se desliza por lo incoherente,
en un intento de ir más allá
de lo perceptible.

Una acumulación de incerteza
lo zarandea.
Escucha la mudez de su voz
cuando se adentra en el silencio
esperando una respuesta
—o bien lo lleva a cavar en su hondura
en busca de asidero al que aferrarse
y no sucumbir en la desesperanza
de un tiempo que no puede sostenerle—.

Para no vararse en el camino,
para que vivir
no duela.

ARGUMENTOS

Se han esfumado sin apenas darse cuenta, al menos tres partes de su vida y más cerca de no se sabe qué, inesperadamente, en él, se vincula el tiempo y se renueva.

Ante el estupor del que observa algo por primera vez, percibe que ya no hay sombras ni vestigios de negrura ni lamentos de aflicción.

Argumentos son para imaginar ser el centro y saber que, de vanidad, peca.

Si un rumor de agua argumenta la existencia, la llegada de ella argumenta el caminar de ambos hacia la convergencia de lo inextinguible.

Juego

Uno trata de equilibrarse cuando ante el espejo
se resquebraja y lee sus cicatrices.

Uno aprende a jugar a que juega cuando no juega
y su juego va en serio.

Uno llega a desestabilizarse cuando en una mirada
lee «adelante».

Uno, en su delirio,
    puede terminar recogiendo estrellas.

Puerta giratoria

No sé...
Grito. Trato de escapar.
    Acude nadie.

Mano inerte...
Ligera presión...

Toda gira... y gira...
Imágenes imprecisas
perturban la memoria.

No sé si es un juego.
Mientras giro, oigo carcajadas,
todo pasa deprisa.
No encuentro la salida.

Cede la presión...
Mano inerte...

Nada gira ahora.
¿Me habito?
No sé...

APUESTA

Cansado de hablar con los dioses,
de vagar por las profundidades de la altura,
de esperar no sé qué tras las estrellas,
de buscar respuestas y no encontrarlas,
este cuerpo que soy ha decidido
desechar ligaduras de otro tiempo.

Convencido de que todo es circular,
estoy por dar fe
de que, al llegar al otro lado, no se llega,
digan lo que digan, no se llega.
Estoy por afirmar
que lo real no es lo real, sino otra cosa.

Porque solo pasa lo que ha sido,
estoy en disposición de borrar fragmentos del antes
y remar en el aire.

Infancia, dónde tú

Desperté una mañana y me vi niño. Me dispuse a jugar al escondite tras las vallas de aquellos internados.

Comencé a jugar según las normas. Marcando los segundos al contar: uno... dos... tres... cuatro... Al llegar a nueve las normas echaron a correr; *nuevediezoncedocetrece*. Así hasta diecisiete.

Infancia, dónde te escondiste.
Todavía te estoy buscando.
(Sospecho que te robaron).

Dijeron: ¡Has hecho trampa!
¡Tenías que haber contado más despacio!
¡Hasta veinticinco!

Por aquel entonces, nada entendí.
Hoy sigo sin entender.
He dejado de contar.

SOÑANDO EN AZUL

«Para acceder, empuje las nubes con cuidado,
lo que pueda encontrarse al otro lado es cosa suya.
Una vez dentro no se admiten reclamaciones».

Así rezaba el cartel.

La curiosidad apaciguó el miedo.
Empujé una nube.

Al otro lado
toda la extensión de mi vista se tornó azul;
nadie vino a mi encuentro.

Ante mis ojos, dos caminos.

Suspendido del azul pude leer:
«Bienvenido, elija una senda
y comience a soñar».

En medio de la noche

Cuando la ausencia prevalece,
se cortocircuitan los filamentos de mi ser.
Todo se agolpa en mi existencia
y me confunde.

Como el goteo de la clepsidra,
van descendiendo
    la soledad
        la abulia
            la tristeza
                el silencio
hasta el abismo que a mis pies se abre.

Temeroso, al borde de sus fauces me aquieto,
pero llega un momento en que todo se oscurece
y a solas, a la intemperie,
la razón se distorsiona y pierdo el equilibrio.

Cuando estoy a punto de caer,
ante mí, como un instante de luz en las tinieblas,
    ella se alza
        y me sostiene.

Porque la vida

En sus pupilas se congrega la mirada del tiempo.
Habitante de la conturbación y la penumbra,
con la carga de naufragios,
bajo el plomo del aire y mendigo de su sombra,
sigue avanzado porque la vida empuja
y todavía le ofrece un manantial de alegrías:
un alba luminosa,
un sueño inacabado,
un pájaro de viento que sus alas presta
y lo eleva como al humo
más allá de donde pueda imaginarse.

Avanza, porque a unos pasos del límite,
cuando no esperaba nada,
la vida le ha permitido alzar los brazos.
Y avanza, sobre todo, porque la vida le ha otorgado
el amor que le habita.

Tiempo de espera

De nada sirve retrasar o adelantar los relojes con el fin de vulnerar la oquedad del tiempo. Las horas se licúan en el grito silencioso que atenaza el impulso de ser palabra pronunciada.

Tras la iniquidad, se desmorona el aire en las pupilas llenándolas
de sombras y de sal. Doliente hálito cercado por la desesperanza.

En constante letanía y alejado de sí mismo,
en la espera se reconforta.

> Ante el inminente naufragio,
> ante la desposesión,
> ante lo no decible,
> ante el vacío de la ausencia,
> ante cualquier vestigio de olvido,
> el amor es la respuesta.

LATIDOS

Constantemente,
mi corazón es todo amanecer.
Descifra los misterios,
y otorga sentido a mis pulsos.

Desde el asombro,
sostiene en vilo la precisión de las horas.
Acapara mis anhelos.
Abarca distancias
y avanza tras lo no vivido.

En él, todo se llena de presagios.
En él, todo confluye y se renueva.
En mi estar a solas,
acoge el pálpito del tiempo.
Acumula los sueños
y se colma de esperanza
en lo que aún está por venir.

PRESENCIA

Ensimismado en lo invisible
solo cabe pensar que ella es presencia
pensar en el contorno de su boca
o en los lóbulos de sus orejas
o en su mirada translúcida
o en la danza de sus manos
la danza de sus manos
sus manos
ella

Solo cabe su voz
solo cabe su imagen
en la galería del tiempo
donde ella se repite de continuo
se repite de continuo
de continuo
ella

Me desafilio de mí mismo
y me afilio a su existencia
para que en cada célula que la conforma
el pulso de mi sangre
y cada filamento que me constituye
marque el ritmo de su latido
el ritmo de su latido
su latido
ella

ENTRE LUZ Y SOMBRA

Llueve tu luz sobre la sombra
en la que estás integrada.
Pálida luz que mistifica la soledad
y a tu forma inánime
hace visible hasta el apagamiento.

Dialogante mudez en el silencio,
vulnerabilidad íntima
de la materia palpitante.

Fémina solitaria que ofrecida
en transparencia a los insomnes,
noche a noche te diluyes
hasta congregarte en la sombra
que el ojo no penetra.

Estática forma,
redondez oculta en el vacío.
Bañada en luz
volverás a repetirte.

MIENTRAS PASAMOS

El tiempo da pie a la inexistencia.

Todo está muriendo de constante,
esto no es motivo para detenernos,
nos empuja a la existencia,
a compartir con la fiera,
el árbol,
la piedra,
el ave,
los lugares comunes.

Todo es abolición de lo continuo
y da pie a dejarnos llevar por el viento de los días,
a dejar nuestro latido en la tierra,
a sentir la liquidez
circular por nuestras venas,
a cultivar mientras pasamos
el ardimiento en nuestras vísceras.

Pero, sobre todo,
da pie,
a que tú y yo nos amemos.

QUIETUD

En este momento que soporta mi cuerpo
bajo el cielo de noviembre,
trato de olvidar que el tiempo tiene prisa.

Como pájaro aquietado en el aire,
me retengo en mi silencio
ante el último umbral de la tarde
y espero la llegada de la noche
bajo la cúpula que comienza a adormecerse.

Al borde de un latido, estoy
y no estoy,
abro mis manos a la luz de los augurios,
prolongo el tacto hacia las sombras
y me aquieto.

YA NO DUELE LA NOCHE

Libre de todos los dioses,
en su ser anidan los días
de los muchos años no vividos y vividos.

El hombre que deshace
en sus pupilas el fuego de la tarde,
escruta los cielos.

Un viento de certeza
barre las incógnitas que le oprimen.

Se dice, que si más allá de su conciencia
hay algo,
no necesita saber. Necesita sentir.

Todo sucede ya sin vértigo
y su pensamiento
alcanza lugares antes impensados.

FUGA

De noche en hora y de hora en noche,
en clave de años y a pleno misterio,
hace recuento y se redime.

Sabe que escapará del paraíso
y aspirará cartílago adentro
    donde quiera que se encuentre.
Probará los frutos de la locura sin temor a represalias.
Abrirá los oídos al latido de la tierra.
Se tumbará sobre la hierba
    y sus manos palparán la vida.

Mirará más allá de la mirada

y se sabrá lluvia

    se sabrá aire

        se sabrá pájaro.

BAGAJE

En lo inmediato de este instante,
en la convicción
de que todo es condicional y limitado
y la existencia no es un juego,
al margen de dioses y contradicciones,
nadie sino yo
puede comenzar mis días.

Desde lo que me conforma
y donde mi silencio se refugia,
antes que la memoria escape
y el espejo decaiga en la mudez,
palabra tras palabra cierro este momento.

Porque es preciso llegar al otro lado
—si es que otro lado existe—
sin renunciar a todo lo que he sido
ni a todo lo que no quise decir.

Nota que advierte

Los poemas que siguen son deudores de las citas de los poetas que en esta relación los acompañan.

Para *En sus límites me alojo*

> *Cuántas veces hemos deseado*
> *descender del poema*
> *hasta las cosas.*
> Pedro A. González Moreno

Para *Atreverse al vértigo*

> *Me atengo al arrebato de mis visiones.*
> Gonzalo Rojas

Para *Desprovisto de presagios*

> *Mi padre se movía por las profundidades de la altura.*
> E.E. Cummings

Para *Exonérate*

> *Así quiero yo andar, prudente y llano,*
> *claro en la confusión de la apariencia.*
> Rainer Maria Rilke

Para *Infinitivos*

> *Si uno tiene que nacer...*
> Enrique Buenaventura

Para *Vivir es estar loco*

> *Estrellas de «estoy triste en cada cosa que toco*
> *y en cada cosa que toco muere*
> *cada cosa que soñaré mañana».*
> JUAN JOSÉ RODINÁS

Para *Geometría*

> *De nuevo el canto,*
> *la luz, encendida música*
> *del vuelo...*
> ANTONIO CRESPO MASSIEU

Para *Raro espécimen*

> *Oigo lo que no entiendo y escribo lo que no sé.*
> GUADALUPE GRANDE

Para *Puerta giratoria*

> *Y yo no sé, y sigo sin saber,*
> *y a esto me aferro*
> *como a un oportuno pasamanos.*
> WISLAWA SZYMBORSKA

Para *Soñando en azul*

> *Soy zurdo, empuje las nubes con cuidado.*
> JUAN CARLOS MESTRE

Para *Latidos*

> *A veces mi corazón es todo atardecer.*
> FRANCISCA AGUIRRE

ÍNDICE

COLECCIÓN
ADIVINOS

Esta edición quedó dispuesta para la tinta
en agosto de 2024,
era el verano álamos en llamas.